AF273916

EL TERGIVERSO

Miguel Agudo Orozco

EL TERGIVERSO
[parapensares]

Ediciones de la Isla de Siltolá

Sevilla 2024

Colección *AFORISMOS*

© **Miguel Agudo Orozco**
© de las fotografías del autor: Andrés Repiso Macías

© 2024: **Ediciones de La Isla de Siltolá**
Apartado de Correos 22.015
41018 – Sevilla (España)
www.laisladesiltola.es • *editorial@laisladesiltola.es*

Diseño de colección: La Isla de Siltolá
Impresión: Kadmos
Diseño de la cubierta: Salvartes

ISBN: 978-84-19298-35-5 • DL: SE 1085-2024
IBIC: DCF • THEMA: DCF
(Impreso en España)

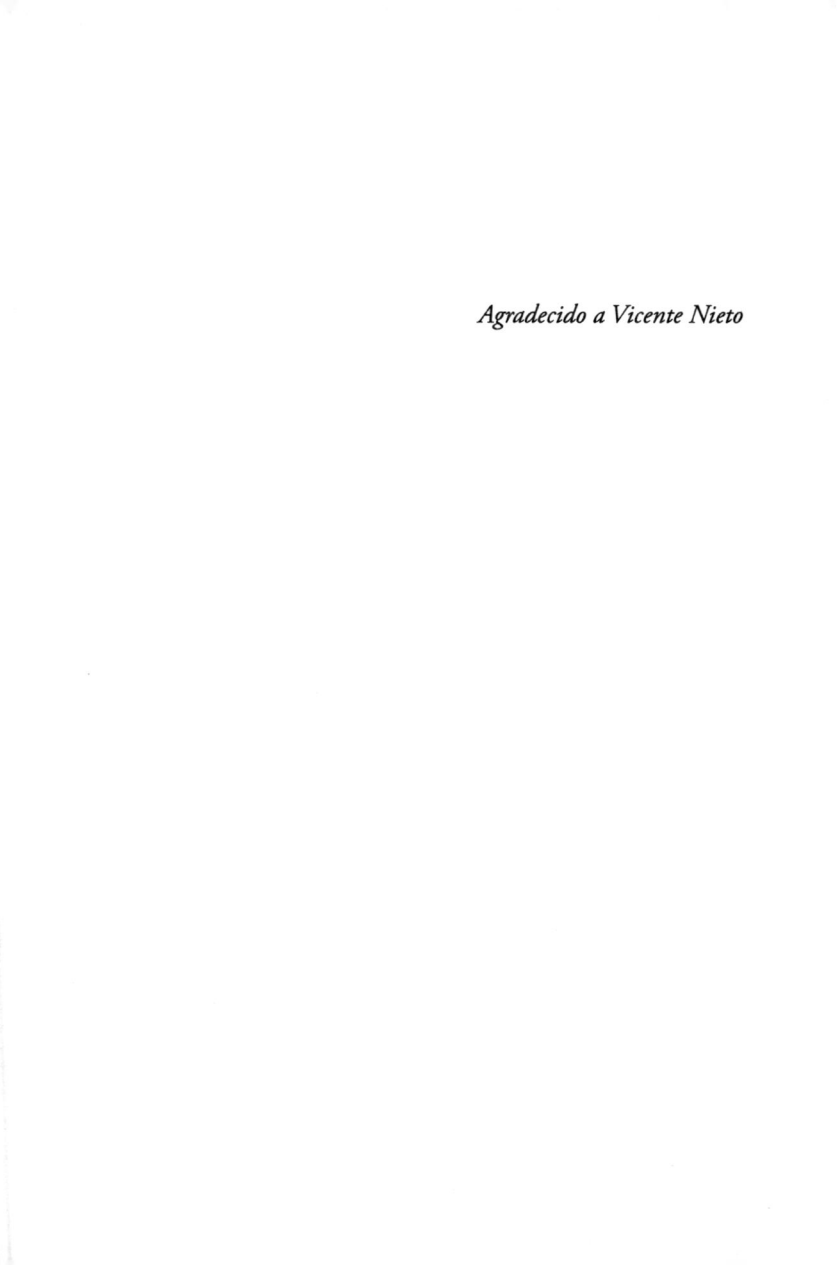

Agradecido a Vicente Nieto

TRAS el terremoto, todas las palabras quedaron en cursiva.

છ

VIVIMOS en la *oscuriosidad*.

છ

EL rabillo del ojo es un vestigio evolutivo.

છ

LO malo del pesimista es él.

છ

LÁGRIMA: ¡agua a la vista!

SOSPECHOSO parecido entre las palabras *cuchillo* y *cuchicheo*.

∾

EL tirano desciende del tiranosaurio.

∾

PONER la primera piedra. Tirar la primera piedra.

∾

EL metomentodo puso la zancadilla al correveidile.

∾

CON tal de confundir un poco más: el amor no se nace, se hace.

QUE caiga sobre mí el peso de la ley del mínimo esfuerzo.

ↄ

COMO el saber no ocupa lugar, al sabelotodo suelen hacerle el vacío.

ↄ

LAS recetas curan o alimentan.

ↄ

SOMOS 70% agua. De ahí las lagunas mentales.

ↄ

LA muerte es un *exyorcismo*.

LA mayoría de los relojes no hacen ruido para no asustarnos del paso del tiempo.

ↄↄ

ANUNCIO por palabras: "Torero corneado cambia muleta por muleta".

ↄↄ

DUDA: sustantivo imperativo.

ↄↄ

SU yo y su ego luchaban entre sí, como si solo pudiera quedar uno.

EL agua embotellada la envían los náufragos desde sus islas.

∽

QUE el tiempo todo lo cure lleva a pensar que existe la vida eterna.

∽

FLUCTUACIONES del mercado: una imagen vale menos que mil palabras.

∽

SIGUE sin saberse qué neuronas son las encargadas de guardar los secretos.

POR aquello de la brevedad y el aforismo, medio aforismo es más aforismo que un aforismo entero.

&

NO es posible bañarse dos veces en el mismo río, pero nos dicen que pensemos las cosas dos veces.

&

LASPRISASNOSONBUENAS.

&

NO es fácil atinar con las palabras. Con el insulto, sin embargo, es difícil fallar.

CURIOSIDAD: *imbécil* me suena a nombre comercial de medicamento, y al consultar su etimología descubro que significa *enfermo*.

☙

EL salvaje, ¿nace o se hace?

☙

EL griterío es el criterio.

☙

EL futuro para algunos es el *pobrenir*.

CON la edad se acentúa la arrugancia.

ᑲ

TÉRMINO políticamente correcto para 'perdedor': *desganado*.

ᑲ

A veces no sé si el *silencio se rueda* o *se ruega*.

ᑲ

EPITAFIO suena a nombre propio de aforista.

ᑲ

LA sintaxis es magia teológica que convierte a cualquier objeto en sujeto de oración.

EL papel arrugado en forma de pelota que el escritor desecha, así es la rosa. (Juan Ramón Jiménez)

ɞ

LOS pájaros en la cabeza del cura son *aves marías*.

ɞ

PORQUE dice: —*Señoría, no hay más preguntas*, el abogado es un filósofo que se da pronto por vencido.

ɞ

EL precio de la electricidad da *repeluz*.

ɞ

DESILUSIONARSE, así, con todas las vocales.

ES más fácil redescubrirse que reinventarse.

∽

QUIENES guardan la *fe* para los días *festivos*.

∽

EL metro es el lugar del mundo con mayor concentración
de gente que encuentra un asidero.

∽

LAS cajas fuertes eran su debilidad.

∽

AL mismo tiempo quieren memoria histórica y aprender
sin memoria.

TROPEZAR dos veces con la misma piedra, pero con pie distinto.

ↄ

EL amor hace que las cosas tengan un sentido: el de la flecha.

ↄ

EL cambio climático tiene mucho de nueva expulsión del paraíso.

ↄ

EL marinero es 70% agua y 30% tierra a la vista.

ↄ

CUANDO el río llega al mar, naufraga.

QUE el tiempo es relativo lo demuestran los relojes de sol
en días nublados.

೧

DEBE de ser apocalíptico todo aquello que nos venden
como de última generación.

೧

MORVENIR y morir.

೧

PROPONGO llamar a esa tribu de los negacionistas *los
nanay*.

೧

LOS terraplanistas son erraplanistas.

[22]

UNA asociación de anónimos anónimos.

&

ANDAR a trompicones es andar pie traspié.

&

EL bobo, en lugar de pensárselo dos veces, rebobina.

&

EL hombre es el único animal que tropecientas veces con la misma piedra.

&

SEGÚN la Biblia, ser buen o mal ladrón no depende de la pericia con la que robes.

CUANDO a un asesino le reducen la condena, lo convierten en un criminimal.

❧

MENTIRA y afloja.

❧

CONTIGO me *siento* bien y me *levanto* mejor.

❧

ESE ir y venir, *ira* y *venganza*.

❧

EL pájaro, pía; y el pájaro mitológico, arpía.

¡CUÁNTAS veces no mirará a través del cristal, el envidrioso!

ಌ

ESA gente que es 70% agua y nunca se moja.

ಌ

DEL santo y *seña* al usuario y *contraseña*.

ಌ

PALABRERÍA: tienda donde venden palabras.

ಌ

CETRERÍA: tienda donde venden cetros.

LA *desovediencia* es *echarle huevos*.

᭥

SI el gato de Schrödinger viajase en metro, diríamos de él que está al mismo tiempo de pie y sentado.

᭥

MENOS menos es más. (Mies van der Rohe)

᭥

TODOS los maniquíes son descendientes de la Venus de Milo.

᭥

MUCHOS llamados *gestores* lo que realmente hacen son *aspavientos*.

TEXTO, apuntes; tejido, pespuntes.

&

EL novelista es sedentario; el aforista, saltimbanqui.

&

EXISTE una gran probabilidad de que si un matemático cae en la cuenta se fracture el radio.

&

LA paz interior, la belleza interior, la vida interior... Seguimos siendo seres muy grutescos.

&

QUÉ quejicas que son los escritores: ¿puede acaso haber algo más místico que quedarse en blanco ante la página en blanco?

LA paradoja de llamarlo *segundero* cuando es el que más corre.

℮℈

COMO un efecto mental de las altas temperaturas, se me antoja que la ola de calor desprende una especie de halo de coral.

℮℈

A *lo malo, ¡deslómalo!*

℮℈

ENCONTRAR: poner en contra.

HASTA la *extenuación* tiene todas las vocales.

ℰↃ

LA letra pequeña es la *letrina*.

ℰↃ

ISAAC Newton demostró la *gravedad* del pecado original.

ℰↃ

REVELACIÓN, revolución: encuentre las siete diferencias.

ℰↃ

ARMARSE de paziencia.

DOGMAS dos, cinco.

❧

PONERSE en el lugar del otro. (Lema okupa)

❧

SI no supiera qué es un *azucarillo*, pensaría que es un pájaro.

❧

SON la misma gota la que colma el vaso y la que agota la paciencia.

❧

LA parturienta pare parientes.

EL pesimista ve al optimista medio vacío y el optimista ve al pesimista medio lleno.

&

MIENTRAS el tiempo todo lo cura, nosotros matando el tiempo.

&

MÁS divertido que llamar a las cosas por su nombre es llamarlas por su apodo.

&

LA paciencia se acaba cuando se acaba el pasto.

SI se aparenta más o menos edad de la que realmente se tiene, ¿se es contemporáneo de uno mismo?

❧

EXISTEN tantos futuros como verbos.

❧

EL pasado cambia cada vez más rápido.

❧

EL cosmopolita es 70% aguas internacionales.

❧

EL pesimista se sentía pletórico: la botella estaba medio llena, pero de leche semi.

CUANDO el lector interrumpe la lectura, interrumpe al escritor.

ↁ

EL próximo dios se llamará Algo, hermano menor del Absoluto. Ya hay mucha gente que dice creer en él.

ↁ

EXISTEN el creyente, el crédulo y el *crédudo*.

ↁ

MEDIANTE el llanto, el recién nacido conjuga el verbo yantar.

ↁ

JUVENTUD: divino tesoro que acabamos enterrando y después olvidamos dónde lo enterramos.

NO es literalidad, sino símil: las cosas son como son.

&

TARDE o temprano, mediodía.

&

EL bipedismo permitió la liberación de la mano para poder andar cogidos de la mano.

&

QUIEN tiene gota es 70,001% agua.

&

LAS fichas de dominó son dados aplastados.

ME gustas cuando callas... (Hablo Neruda)

&

FRENESÍ y refrenó.

&

LAS musas, para poetas; para aforistas, la ouija.

&

EL punto de vista y el hilo de voz.

&

DEBERÍA decirse *atragargantarse*.

LES presento el nombre de mi Walter Ego.

೧೦

TE venéreo.

೧೦

NOÉ fue un *millenial*.

೧೦

HAY lunes que amanheces.

೧೦

LA palabra *glándula* es mullida como un cojín.

EL ángel caído se cruzó en su camino con Ícaro.

∾

POR hacer que te rasques la cabeza, los piojos ayudan a pensar.

∾

¿Y si el Código Civil dijera que el desconocimiento de la ley exime de su incumplimiento?

∾

ESTAR bizco es que un ojo te llore y el otro te ría.

∾

QUERIENDO, que es querundio.

MERCURIO, Venus, Tierra, Marte, Júpiter, Su turno.

❧

CUANDO te tiran mucho de la lengua, terminas hablando en castellano antiguo.

❧

AFORISMÍSIMAMENTE breve.

❧

LA palábrola del hijo prólogo.

❧

SUGERENCIA para nombrar las patatas a lo pobre: patatas patéticas.

MUCHA gente hace el redículo social.

&

LÁTIGO: instrumento musical que aúna cuerda, viento y percusión.

&

LA clave para pasar de tener la cabeza llena de pájaros a tenerla bien amueblada la tiene el pájaro carpintero.

&

PARA inspirarme, observo las palabras como si fuesen paisajes.

&

EL texto es la sombra de la página en blanco.

¿DOLOR? Solo el justo y suficiente.

ໝ

HAGO agujeros a mi sombra disparándole con una linterna.

ໝ

EL *«me rindo»* lo aprendemos temprano, jugando.

ໝ

LA tilde de *fé* es una espina clavada.

ໝ

YA he preguntado. En la oficina de objetos perdidos no está el paraíso.

¿PUEDO adueñarme de lo anónimo?

༄

LOS cefalópodos son alopécicos.

༄

ESA dislocación temporal cuando de *noche* se te hace *tarde* y le sigue la *mañana*.

༄

LO dejó hecho carbonato sádico.

༄

LAS viejas rencillas originan adversaurios.

PORQUE su evolución traiciona a su significado, me asombra la palabra *pereza*: procede del latín *pigritia*.

ℰℐ

LA monarquía marroquí es 70% agua, 30% alauí.

ℰℐ

CLARO que sí: lo lógico en la cola es el colarse.

ℰℐ

TEXTO en braille: manifestación de puntos.

ℰℐ

AL igual que Expósito, Fortuito debería ser apellido.

ANUNCIO: "*Mecenas* busca artista caníbal".

༄

OCTÓPODO: patoochada.

༄

INRI: cripstografía.

༄

YACIMIENTO, nacimiento, yacimiento.

༄

LA postverdad es fruto de la postrazón, también conocida como postración.

SOMOS 70% agua, es decir, que estamos más llenos que vacíos.

&

NO se ve exactamente igual con ambos ojos porque el uno avista y el otro atisba.

&

VIO pasar su vida en un segundo. En el tercero estaban de cumpleaños. Los del cuarto habían salido de compras.

&

APRENDIÓ a leer la mano haciendo chuletas para los exámenes.

EL antónimo de la ortografía se escribe con h.

∽

QUITARLE hierro al asunto de comer lentejas.

∽

LA gran pregunta es el *parqué*.

∽

SADOMAYGOMORRASOQUISMO.

∽

ME dijo: "Soy 70% agua y de esta agua no beberás".

LA rotonda es el summum de la *circulación*.

❧

PARADOJA: en el *metro* miras al *infinito*.

❧

LOS gatos tienen siete vidas. Y siete trabajos, siete nóminas, siete casas, siete hipotecas...

❧

ALGORITMO, aforismo; inteligencia artificial, inteligencia natural.

❧

PORQUE el silencio es oro, el del espejo es más rico que yo.

ESPECIALMENTE dedicado al gremio político y al pedagógico: encuentre las siete diferencias entre *falta de ortografía* y *falta ortografía*.

ↄ

LO más parecido al harakiri es el momento de programar la alarma del despertador.

ↄ

ANUNCIO: Se buscan rimas consonantes de *fútbol* para un soneto.

ↄ

EL del espejo me ofrece un tutorial para afeitarme.

ↄ

EL hombre es la medida de todas las fosas. (Protágoras)

UNA cosa es tirar un año por la borda y otra que se te caiga.

෴

SOMOS 30% ajo y 70% agua.

෴

CUANDO el río suena, pocas nueces.

෴

LA preverdad, del verbo prever.

෴

MUCHAS mesas juegan a la pata coja.

ESPAÑA tiene dentro a sus propios eñemigos.

ↄ

EL sueño de la nación produce monstruos.

ↄ

LISTA de universos paralelos: verso, adverso, anverso, converso, diverso, inverso, perverso, reverso y tergiverso.

ↄ

EL espacio, cuando se despierta por la mañana, para desperezarse, se estira.

ↄ

EXPRESIÓN discutible: *hora estimada* de la muerte.

HAY quienes son 70% ¡agua va!

❧

ESCOPETA en mano, dos cazadores con pájaros en la cabeza.

❧

CAMBIO climático: de ser humano a ser humeante.

❧

CUANDO despertó, el disuasorio todavía estaba allí. (Augusto Monterroso)

❧

ÉRASE un microrrelato nanónimo.

JAÉN es una ciudad extranviada.

ও৯

SE bebe el amor a morro.

ও৯

OSTENTAR, os tentaba.

ও৯

LO que está de más, ¿también suma?

ও৯

CARRERAS políticas, paseos militares.

EL etergiverso.

∽

EL centollo es una unidad de medida marítima.

∽

VINE y vi a da Vinci. (Julio César)

∽

SOLO sé que no sé nada, pero en compañía sé mucho. (Sócrates)

∽

REPIENSO, luego resisto. (Descartes)

OBRA de *arte*: mismas letras que *arrebato*.

∞

CREO más en la querencia que en la creencia.

∞

LA policía es 100% ¡aguaaa!

∞

EL rincón de pensar. La esquina del deseo.

∞

FONÓGRAFONÓGRAFONÓGRAFONÓGRA...

SANIDAD privada de sanidad.

❧

LOS espejos son ciegos; es cada cual quien les presta sus ojos.

❧

TROZOS de papel, trozos de Babel.

❧

PALEOLÍTICO, neolítico, ansiolítico.

❧

AJONJOLÍ, ¡ajonjolines!

¿CUÁL prefieres: la tortilla de patata o la tortilla de patatas?

∽

LA escritura marca el comienzo de la Historia, es decir, la *escritura* marca el comienzo de la historia de la propiedad.

∽

EL prehistoriador es, por definición, analfabeto.

∽

ACABADO el concierto, el aplauso es lo más parecido a la música que sabe hacer el público.

∽

RINOCERÓNTETE a ti mismo. (Sócrates)

ESTAMOS compuestos de un 70% de H_2O y un 30% de YO.

෴

DIO su tergiversión de los hechos.

෴

PORQUE el cerebro es el objeto más complejo que conocemos, hay quienes no se atreven a usarlo.

෴

CONTIGO me pongo infinitonto.

෴

LA solemnidad es postureo a cámara lenta.

LA tradición, precisamente por ser tradición, es eso que te echa para atrás.

◈

EL pecado capital de la soberbia provoca otro pecado capital: envidia de uno mismo.

◈

EL problema es que crees que eres capaz de hacerlo todo, pero no sabes lo que eres capaz de hacer.

◈

RECIPROCIDAD: ¿qué le recetarías tú a tu médico?

◈

EXISTEN dos tipos de personas: tú y el resto.

LOS médicos saben que la belleza no está en el interior.

❧

ES la división entre ciencias y letras la que hace que la letra de los médicos no se entienda.

❧

EXISTE el cuerpo de policía y los médicos, que son la policía del cuerpo.

❧

UNA receta médica es un consejo para la vida.

❧

SI la vida es sagrada, santos deberían ser santa Tibia y san Peroné.

EN tiempos de carestía eléctrica, más te vale tener pocas luces.

∾

PALPITAS gustativa.

∾

FATALES caincidencias.

∾

PARA que la Historia no se repita, bicarbonato des-odio.

∾

UN libro es lo que te traes entre manos.

EL egocentrismo del descentrado.

BANQUETE: forma en que los banqueros disfrutan del banco.

A los muertos también les comen la cabeza.

BABA a estribor, estribo a babor.

LO cierto es increíble; lo creíble, incierto.

EL *ya* es el *yo*, pero con prisa.

ా

HOY estoy a lo tonto a lo tonto.

ా

PINOCHO es de mentira.

ా

QUE lo microrrelate el grandilocuente.

ా

FÓRMULA de la velocidad: bajarse del *metro* en un *segundo*.

ENTRAR en materia: atravesar las paredes.

&

SÓLIDO, líquido y gaseido.

&

OSADO: que posee esqueleto.

&

POSTRADO: que se ha comido el postre.

&

FLEXIBILIBILIBILIBILICRAC.

ORNITOLOGORRINCO.

∽

SOÑAR como una lira, dormir como un lirón.

∽

LA confianza da fiasco.

∽

ÚNICO: diminutivo de uno. Unión: aumentativo de uno.

∽

QUIEN va de frente, embiste.

LOS *efectos* especiales deberían ser sólo para *causas* especiales.

∾

LA palabra *flecha* procede de la palabra *arco*.

∾

TÚ: para el egocéntrico, nombre del satélite más cercano.

∾

TE juro que no prometo nada.

∾

KARATECA: similar a biblioteca o hemeroteca, colección de rostros con gestos exagerados de individuos que se ponen la corbata como cinturón.

SI el silencio es oro, aquí no hay quien calle.

∾

HAY música que es ruido-re-mi-fa-sol.

∾

CONTRA la letra pequeña, palabras mayores.

∾

BE 70% water, my friend. (Bruce Lee)

∾

EL poder jode porque somete y sonsaca.

ARREPENTIRSE es ctrl-z, morirse es desctrl-z.

∽

EL buen quiromante, ¿lee las líneas de la mano o lee entre ellas?

∽

LA humanidad se compone de feromonas y feromonos.

∽

UNO de los sentidos de *sortear* es evitar, por eso nunca te toca.

∽

LOS negacionistas no son 70% agua.

LA censura tiene cada vez más fuckturo.

༄

QUEJA: jaque.

༄

ESPAÑA será taurina mientras haya que lidiar con estos políticos apoderados.

༄

CUANDO la verdad se condecora, cuidado, pues la verdad desnuda lo es sin decoro.

༄

ME declaro políticamente agnóstico.

DESAUTORIZADO: sinónimo de anónimo.

∽

VIAGRADABLE.

∽

PLANTAS de plástico, animales de peluche e inteligencias artificiales.

∽

DEL atreverse surge un atreverso.

∽

EL poder legislascivo.

LA *proustituta* Magdalena.

∾

CUANDO la aspiración falla, te queda la aspirina.

∾

ME quiere, no me quiere, me quiere, no me quiere...
Deshojar la amargarita.

∾

ES difícil ser un 70% agua pasada no mueve molino.

∾

BARBARÓMETRO: instrumento de alta precisión que
lo mismo sirve para medir la presión atmosférica en un
bar que para medir el grado de desinhibición verbal de
sus parroquianos.

PILATES o quilates, he ahí la cuestión.

ↄ

EL pesimista, eufórico: un vaso medio lleno de cerveza sin.

ↄ

QUIROMASAJISTA: persona que se frota las manos.

ↄ

PRETENSIÓN: proyecto que no se va a llevar a cabo por la tensión previa que suscita.

ↄ

REMANGAR: robar de nuevo.

HOY el silencio es sólo afonía.

᙮

RESPIRAMOS por amor al aire.

᙮

DE la expresión *correr el riesgo*, el riesgo es correr.

᙮

DESAGUISADO: fórmula culinaria que practican algunos chefs contemporáneos.

᙮

LA envidia sana no es sana, sino asintomática.

EL atleta es 70% agua corriente.

かわ

EL ego más largo que he encontrado es el *castellanomanchego*.

かわ

ES de mala educación escarmentar en cabeza ajena.

かわ

EL pasado está a la vuelta de la esquina; es el futuro el que está a la ida.

かわ

LA guerra es pam para hoy y pum para mañana.

ÁNIMO, el siguiente paso es la estupidez artificial.

∽

PREGUNTARSE o no preguntarse si ser o no ser. (Shakespeare)

∽

LA *lista de la compra* es la que se te cuela en la cola de la caja.

∽

TEN por único principio el *érase una vez.*

∽

UN censor sin tacha no es un censor.

OVACIÓN: enorme puesta de huevos.

⁓

YO ego, ¿y tú?

⁓

EL todo es mayor que la suma de las partes y el problema forma parte del problema.

⁓

RESIDUOS: la caja tonta es el contenedor para la telebasura.

⁓

TE Vesubio.

EL término comienzo.

&

¿SERÁN los soñadores 70% nube?

&

DE haber sido un vampiro, Narciso estaría vivo.

&

DE las contradicciones no son lo contrario las adicciones.

&

¿RÉGIMEN político? Demofagia.

INSOMNIO: ser de noche y que la noche no venga a visitarte.

એ

ALICIA –*alétheia*– en el país de las falacias.

એ

"Y ya, si eso, entonces". (*Ser y tiempo*, de Martin Heidegger)

એ

TODOS somos iguales, indiferentes.

એ

AHORA lo enciendo todo.

EL negacionista volvió en sí.

&

EL hombre es un bulo para el hombre. (Thomas Hobbes)

&

EL pirómano es fuegoísta.

&

CARECEMOS de tiempo porque nos lo encarecen.

&

LOS iluminados van de farol.

A la idea de que todos los *-ismos* son malos, habría que añadir que los -ísimos son aún peores, pues los personalizan: reverendísimo, ilustrísimo, excelentísimo...

∽

"PREFERIRÍA no leerlo". (*Bartleby el escribiente*, Herman Melville)

∽

PERSONA que sea 70% agua que no has de beber, déjala correr.

∽

AUTOPSIA: final abierto.

EL miedo a la página en blanco, ¡qué papelón!

∞

EL pesimista se ahoga en el agua del vaso medio lleno mientras el optimista respira en la otra mitad del vaso.

∞

VERDADES que se inventan, mentiras que se descubren.

∞

SOSPECHOSO palíndromo: líder, redil.

QUERER y quererte no son el mismo verbo.

ↄ

AL escribir, la intermitencia del cursor es el latido del texto.

ↄ

LAS tres sílabas de la palabra *ins-tan-te* se me antojan los tres últimos botes que da una pelota antes de quedarse quieta.

ↄ

EL negacionista ni nace ni se hace.

EL candidato y sus cándidos.

☙

UN aforismo es un chisme sobre la realidad.

☙

WHATSAPP, los *whatsapp*: esos somos nosotros, ese es el nombre de nuestra tribu.

☙

EN lo ínfimo hallarás lo infimito.

HAY días en los que cuando vas a poner el pie en la calle lo haces de forma cautelosa, titubeante, como cuando vas a meter el pie en la piscina, en el río o en el mar. A partir de ahí, todo es andar sobre las aguas.

∽

EXPERIMENTO sociológico: presentar al inventor de la rueda el inventor de la bicicleta.

∽

VARIACIÓN: tanta razón lleves como dejas.

∽

PIENSA: hacerse el loco no significa hacerse el loco.

LAS relaciones humanas son encaje de bolillos o, en argentino, encaje de boludos.

∾

ESTATUA de sal: ¿gorda, fina, yodada?

∾

LOS errores se pagan, pero ¿a quién se compran?

∾

SI somos 70% agua, tiene más sentido la electrolisis que la incineración.

∾

EXCELENTE y excedente. En ocasiones, vasos comunicantes.

PENSAR, penar, pesar. Ironía fonética del castellano.

&

YO soy yo y mi cara de circunstancia. (José Ortega y Gasset)

&

UNA de dos: tres o cuatro.

&

EL tren de la vida tiene parada en todas las tentaciones.

&

ÉRASE un a veces.

TENGO dos vehículos: autoestima y autoengaño.

∽

ME han retirado el analgésico y me han recetado un antipático.

∽

MINIMALISMO barroco: menos es demasiado.

∽

LE plagió el epitafio al muerto de al lado.

∽

ELOGIO: óigole.

EL abuso que hoy perpetran los políticos reemplazando verbos como aunar, añadir, cohesionar, cooperar, enriquecer, etc. por el supuestamente más neutro y aséptico *sumar* procede del *¡y tú más!*

&

UN buen libro es el que se porta bien en la estantería.

&

LOS aforismos sobre el silencio son afonismos.

&

MURIÓ de un golpe de suerte.

MUCHA intolerancia alimentaria, pero poca intolerancia al hambre.

∽

LO que no sé, no me sabe.

∽

SÓLO hay dos edades: la edad de merecer y la edad de perecer.

∽

CURIOSA y paradójicamente, quien llega tarde a una cita, llega en el futuro de la hora fijada.

EL *¡no me digas!* siempre se dice tarde.

๛

CON los libros de aforismos se deberían regalar bolsas de pipas y viceversa.

๛

TRAS la muerte, somos 70% agua pasada.

๛

CUANDO la botella está llena, el pesimista dice que está hasta el cuello.

AL poco del inicio del diccionario, *abandonar*.

&

CUANDO la gente se quita años, se quita el del nacimiento.

&

DIVISAR: ver dinero.

&

ME encontré la mirada del lector anterior en un libro de segunda mano.

LA mentira no es que tenga las patas muy cortas: no tiene patas, es redonda y rueda muy rápido.

❧

LA cuarta o quinta persona del singular. La milésima persona del plural.

❧

NO por mucho trasnochar amanece más temprano.

❧

EL aforismo es un fragmentodo.

ME hallo a medio camino entre la omnipresencia y la ubicuidad.

ↁ

ERA una mujer fractal.

ↁ

DEL derecho a permanecer en silencio a la obligación de estar callados.

ↁ

EL espacio está ahí. El tiempo ya no está.

MIRA por dónde, oye por cuándo.

୧୨

ÉRASE una vecina.

୧୨

YO creo en el orden aabcéfilot.

୧୨

NOTA de agenda: mañana a las 16:30, obsesión con el psicólogo.

QUIEN se mantiene al margen de la política ha de elegir entre el margen izquierdo y el margen derecho.

೮ಾ

EL totalitarismo es mayor que la suma de los partidismos.

೮ಾ

DELIBERAR te hará libre.

೮ಾ

LOS cuentos comienzan por *érase una vez* y la novela por *en un lugar de*.

NÚMEROS irreales: *el número marcado no existe.*

❧

DILE al rato que pase y que se quede.

❧

A veces los primeros auxilios son los últimos.

❧

POR su sonoridad, propongo como nombre de constelación a *Orégano.*

HOY se lleva excrementar en cabeza ajena.

∾

HAY gente salada que puede llegar a ser 70% agua salobre.

∾

POR su sonoridad, propongo como nombre de hueso a *Asclepio*.

∾

NO creo en los fantasmas porque ninguno me ha visto.

EL analfabeto sólo sabe leer entre líneas.

ↄ

PARECE ser que el universo está envasado al vacío.

ↄ

LOS árboles de hoja caduca escriben un libro cada año.

ↄ

SEGÚN algunas fuentes, lo más transgresor y revolucionario que ha hecho hasta la fecha el ser humano ha sido morder una manzana.

PARA viajar hacia atrás en el tiempo basta con darle la vuelta al reloj de arena.

∾

PARA el narcisista, los míos son los yoes.

∾

HAY dos catetos por cada hipotenusa.

∾

HAY gente con alma y gente con almenas.

EL rocío es el poso que dejan quienes se beben la noche.

&

HAY quienes confunden churros con meriendas.

&

CUANDO un humorista muere, va al más jajá.

&

GUERRA civil: mis yos contra mis yoes.

&

POR amor a Marte.

EN pintura se llama cuadro a lo que normalmente es un rectángulo.

⁊

EN los juegos de palabras no se admiten apuestas.

⁊

A veces me posee un cierto escepticismo que seguro que no es cierto.

⁊

Y, rondando a las élites, los satélites.

⁊

CUANDO medito, alcanzo el silencio administrativo.

HAY mucho antisistema asistemático.

ᗧ

MUCHOS traspiés se producen a trasmano.

ᗧ

HAY analfabetos que son también analfalcornoques.

ᗧ

EL negacionista no es tonto, no...

ᗧ

EJEMPLO de mal tiempo: una tormenta de arena en un reloj de arena.

EL refrán trata de aunar el sentido común con el sentido figurado.

࿇

IR es *prevenir*.

࿇

POLVO enamorado, banquete de ácaros.

࿇

HAY temerosos que son 70% aguas mayores.

࿇

APLAUDE, es una buena forma de disimular.

EL grito de Picasso, el *Guernica* de Munch.

ɔ

NO es nada original morder una manzana.

ɔ

EL periódico de cada día tiene la fecha de edición, pero le falta la fecha de caducidad.

ɔ

UN cinco es un haprobado.

ɔ

NO hay escapatoria: si te levantas con el pie derecho, el del espejo lo ha hecho con el pie izquierdo.

CUANDO pierdes la esperanza, inmediatamente después pierdes la paciencia.

∽

COMIENZO para cuento vampírico: *Mordiérase una vez.*

∽

HAY mucha novela inacabada porque el narrador mata al autor.

∽

QUIENES son capaces de leer en el metro son los que a mayor profundidad viajan.

∽

LA lavadora es un trozo doméstico de barco.

TAMBIÉN los bancos tienen un talón de Aquiles.

❧

¿DESCENDER o ascender del mono?

❧

LA más cercana de las utopías es la miopía.

❧

LAS malas noticias lo son por estar mal redactadas.

❧

EL pesimista y el optimista, vaciando la botella llenan el vaso.

SI para gustos los colores, para disgustos los dolores.

❧

ZAPATERO a tus zapatos, botánico a tus botas.

❧

PARA el verdugo hay verdades tajantes.

❧

UTILIZA tus defectos para equivocarte correctamente.

❧

LA siguiente pregunta es si habrá otras inteligencias artificiales en el universo.

CURSILLO es una palabra cursi.

&

EL pasajero lo es.

&

EL nudo en la garganta se va con el estornudo.

&

EXCURSIONISTA: cursi rehabilitado.

&

¿SERÁN los esquimales 70% nieve?

Y tu pasado, ¿de qué verbo es?

☙

ANTÓNIMOS en espejo: aneja, ajena.

☙

EL tonto medio no es el justo medio entre el medio tonto y el doblemente tonto.

☙

EN ocasiones coinciden la vergüenza ajena y el sinvergüenza propio.

☙

EL saber no ocupa lugar y el saber demasiado no ocupa demasiado lugar.

A Dios, como creador, podemos encuadrarlo entre los realistas.

ॐ

BUMERÁN: cuando todo te va bien, todo te viene bien.

ॐ

EL diccionario es un libro mágico que consigue que dentro de cada letra quepan muchas palabras.

ॐ

A partir de cierta edad, la edad se vuelve incierta.

EL tronco termina yéndose por las ramas.

᰿

LAS buenas personas se dividen en buenas personas y malas personas.

᰿

EL ejemplar es ejemplo de libro.

᰿

EMPIEZAS haciéndote el tonto y terminas tomándote un trago de cicuta.

TENÍA tanto vocabulario como palabrería.

∾

MÁS difícil todavía: buscar un pajar en una aguja.

∾

LOS ingredientes de la vida son: agua (70%), conservantes, antioxidantes, edulcorantes, colorantes, aromatizantes, acidulantes, espesantes, apelmazantes, gelificantes, emulsionantes, humectantes, estabilizantes, reafirmantes, sal e interrogantes.

∾

AHORA mismo me apetece mucho una conversación de ascensor.

EL tonto es 70% agua que no sabe.

ↁ

Y al final, el soldadito de plomo se desplomó.

ↁ

DÓRICA, Mónica y corintia.

ↁ

CONTRARRESTAR es sumar.

ↁ

CONTRARRESTAR es consumar.

EL lenguaje no es inocente y yo no he dicho nada.

ᥰ

LAS pinturas de Goya negras y Lucientes.

ᥰ

HAY cadáveres exquisitos / quien lo probó, lo sabe.

ᥰ

LOS amigos de mi amigo invisible son mis amigos.

ᥰ

de quién? HAZ las cosas por orden. ¿Por orden

FUE por la calle de la *amargura* y volvió por la calle de la *arugrama.*

꒰ꕤ꒱

FONÉTICAMENTE hablando es más descriptivo *otiucricotroc* que *cortocircuito.*

꒰ꕤ꒱

EL siglo XXI se me está haciendo XXL.

꒰ꕤ꒱

AVÍA una vez y avía perdices.

꒰ꕤ꒱

de metro. LA gente lee entre líneas

EL ver bover.

ര

mire usted: TODO es del color del cristal con el que se

ര

VERANIEGO, veraniegas, veraniega.

ര

LIBERTAD ~~de expresión~~.

ര

YO soy yo y mi ocurrencia.

.

JOSÉ Ortega (él) y Gasset (su circunstancia).

෫෨

LAS setas no le dejan ver el bosque.

෫෨

tornado el trastornado todo lo ha

෫෨

QUIEN lee un libro de viajes es un lector pasajero.

෫෨

SI tú me dices *ven* es porque *miran*.

EL que calla,

❦

QUIEN tiene un amigo invisible, tiene un tesoro oculto.

Este número 54
de Aforismos de Siltolá
se terminó de imprimir
en el mes de mayo de 2024